iskola - yachay wasi	2
utazás - ch'usay	5
közlekedés - astana	8
város - llaqta	10
táj - wanlla	14
étterem - mikhuna wasi	17
szupermarket - jatun qhatu	20
italok - upyanakuna	22
étel - mikhuna	23
gazdálkodás - chakra wasi	27
ház - wasi	31
nappali - k'illi wanlla	33
konyha - wayk'una wasi	35
fürdőszoba - akana wasi	38
gyerekszoba - wawa k'uchu	42
ruházat - p'acha	44
iroda - ujisina	49
gazdaság - qullqikamay	51
foglalkozások - llamk'aykuna	53
szerszámok - ruk'awi	56
hangszerek - takichiy nakuna	57
állatkert - jatun uywa kancha	59
sportok - atipanaku pukllay	62
tevékenységek - ruwakuna	63
család - yawar masikuna	67
test - uqhu	68
kórház - Jampina wasi	72
vészhelyzet - urjinsia	76
föld - Pacha	77
óra - phani (kuna)	79
hét - qanchischaw	80
év - wata	81
alakzatok - pacha tupusqa rikch'ay	83
színek - llimp'ikuna	84
ellentétek - wakjinakuna	85
számok - yupaykuna	88
nyelvek - simikuna	90
ki / mi / hogyan - pi / ima / imayna	91
hol - maypi	92

Impressum
Verlag: BABADADA GmbH, Nedderfeld 112 , 22529 Hamburg
Geschäftsführer / Verlagsleitung: Harald Hof
Druck: Books on Demand GmbH, In de Tarpen 42, 22848 Norderstedt

Imprint
Publisher: BABADADA GmbH, Nedderfeld 112 , 22529 Hamburg, Germany
Managing Director / Publishing direction: Harald Hof
Print: Books on Demand GmbH, In de Tarpen 42, 22848 Norderstedt

iskola
yachay wasi

- osztályterem — yachaqaywasi
- oszt rak'iy
- asztal — pirqa qillqana
- iskolaudvar — kancha
- tanár — yachachiq
- papír — raphi
- írni — qillqay
- toll — qillqana
- íróasztal — llamk'a jamp'ara
- vonalzó — chiqanchana
- könyv — p'anqa
- tanuló — yachaqaq

iskolatáska
wayaqa

tolltartó
p'uktaki llimp'i qillqana

ceruza
yana qillqana

ceruzahegyező
ñawch'ina

radír
qillqakhituna

rajzfüzet
qillqana p'anqa siq'inapaq

rajz
siq'i

ecset
chukcha llimp'ina

festőkészlet
p'uktaki llimp'ikuna

olló
k'utuna

ragasztó
k'akachana

munkafüzet
qillqana p'anqa ruwanakuna

házi feladat
kamachinakuna

szám
yupay

összead
yapay

kivon
qhichuqay

szoroz
mirachay

számol
yupanchay

betű
sanampa

ABC
sanampakuna

szó
simi rimay

iskola - yachay wasi

  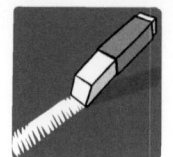

szöveg	olvasni	kréta
qillqa	ñawiriy	iskuna

tanóra	napló	vizsga
yachachina	qillqana p'anqacha	chaninchana

bizonyítvány	iskolai egyenruha	oktatás
certificaru	uniforme	yachay

enciklopédia	egyetem	mikroszkóp
jatun simi pirwa	Jatun yachaywasi	microscopio

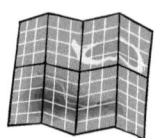 

térkép	papír-hulladék gyűjtő
saywa siq'i	raphi chuqana

iskola - yachay wasi

utazás
ch'usay

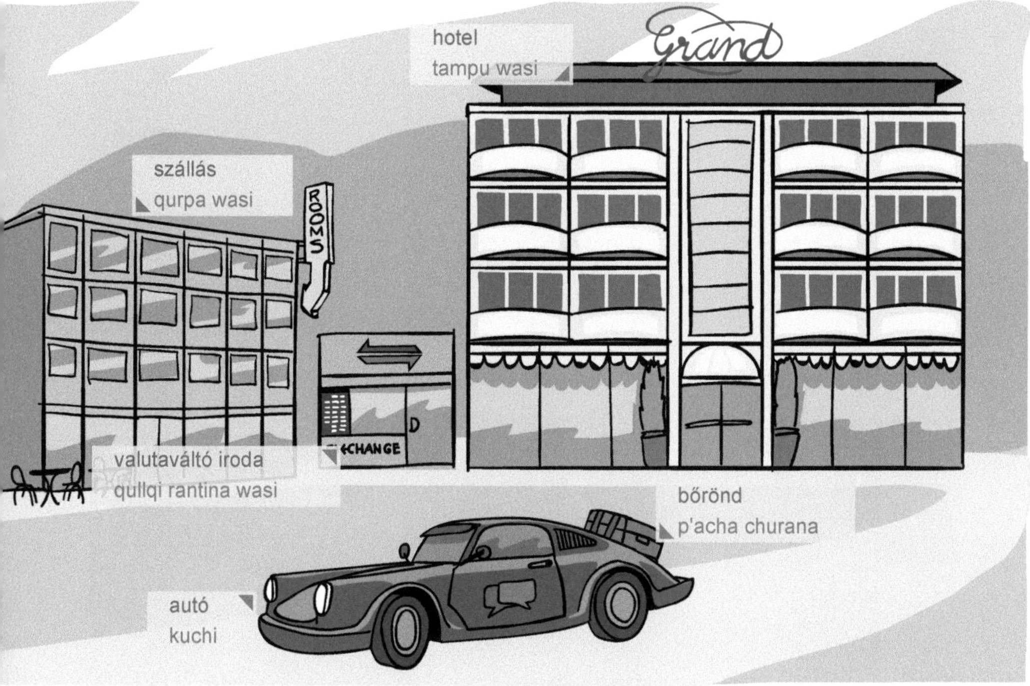

hotel
tampu wasi
szállás
qurpa wasi
ROOMS
Grand
valutaváltó iroda
qullqi rantina wasi
EXCHANGE
bőrönd
p'acha churana
autó
kuchi

nyelv

simi

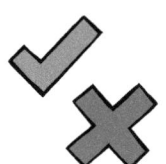

igen/nem

ari / mana

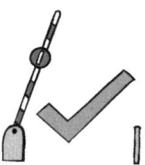

rendben

ari

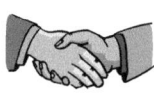

szia

Imaynalla

fordító

tikraq

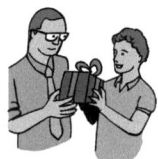

köszönöm

Pachi

mennyibe kerül…?
¡Machkhataq?

nem értem
Mana yachanichu

probléma
ch'ampay

Jó estét!
¡Allin tuta!

jó reggelt!
¡Allin P'unchaw!

jó éjszakát!
¡Allin tuta!

viszontlátásra
tinkunakama

útirány
pusachay wasi

poggyász
q'ipi

táska
wayaqa

hátizsák
wasa wayaqa

vendég
jamuynisqa

szoba
wasi

hálózsák
puñunapaq wayaqa

sátor
tienda

utazás - ch'usay

helikopter
ilikuptiru

repülőtér
lata p'isqu kiti

torony
pukara

utas
pasaqlla

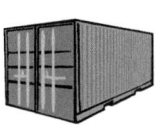
konténer
jatun p'uktaki

kartondoboz
karton p'uktaki

taliga
kapachu

kosár
isanka

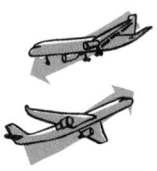
felszáll / leszáll
phaway / uray

város
llaqta

falu
llaqta

városközpont
chawpi jatun llaqta

ház
wasi

10   város - llaqta

telekocsi

kuchi manu

vontató

grua

szemetes autó

q'upa kamiun

motor

mutur

üzemanyag

gasulina

benzinkút

gasulinamanta istasiun

közlekedési tábla

chakatana sanampa

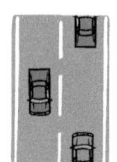

forgalom

trajiku

forgalmi dugó

chakatana

parkoló

istasiun

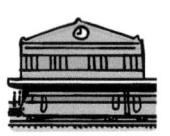

vonatállomás

trin estasiun

sínek

ñankuna

vonat

trin

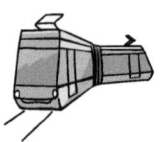

villamos

tranwia

vagon

wagun

közlekedés - astana

közlekedés
astana

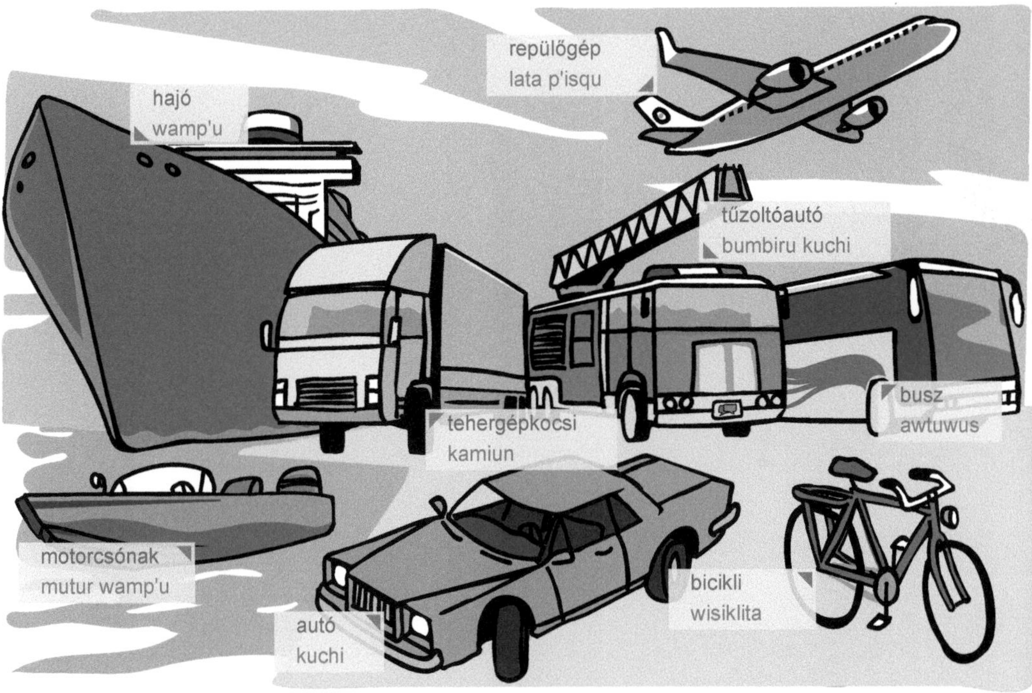

repülőgép
lata p'isqu

hajó
wamp'u

tűzoltóautó
bumbiru kuchi

tehergépkocsi
kamiun

busz
awtuwus

motorcsónak
mutur wamp'u

autó
kuchi

bicikli
wisiklita

komp
quchacha

csónak
wamp'u

motorkerékpár
mutu

rendőrautó
pulisiyap autun

versenyautó
usqay karru

bérautó
kuchi manukuna

turista információ

turismu willakuy

strand

quchapata

hitelkártya

tarjita kriditumanta

reggeli

paqarin mikhuy

ebéd

chawpi p'unchaw mikhuy

vacsora

tuta mikhuy

jegy

qullqi

lift

makina wicharinapaq

bélyeg

unanchana

határ

saywa

vám

adwana

nagykövetség

imwajada

vízum

visa

útlevél

pasapurti

utazás - ch'usay

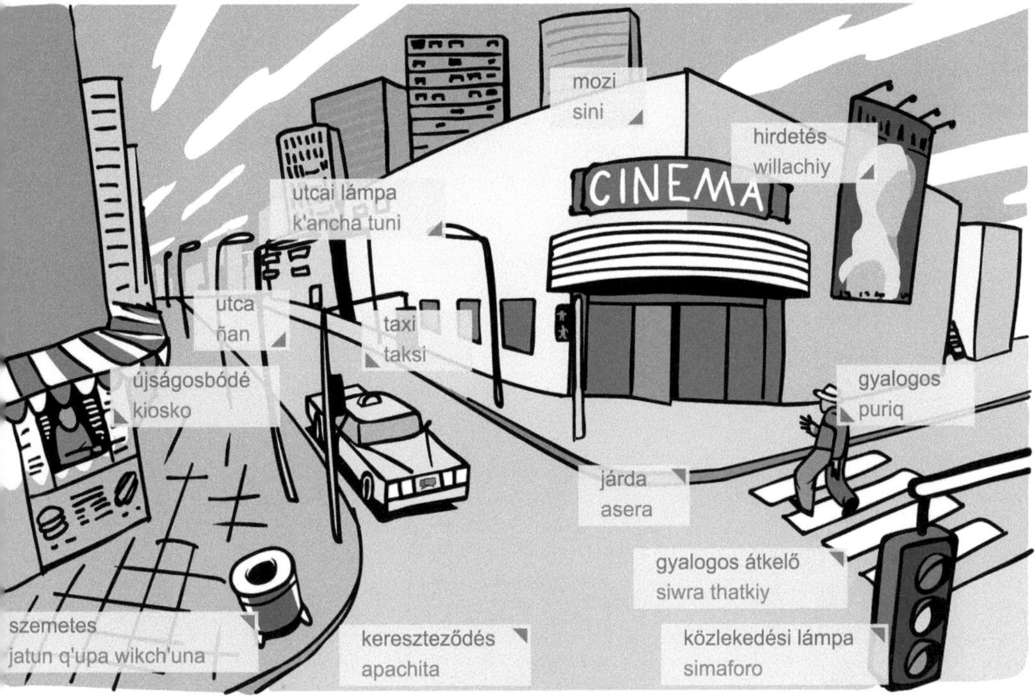

mozi / sini

hirdetés / willachiy

utcai lámpa / k'ancha tuni

utca / ñan

taxi / taksi

újságosbódé / kiosko

gyalogos / puriq

járda / asera

gyalogos átkelő / siwra thatkiy

szemetes / jatun q'upa wikch'una

kereszteződés / apachita

közlekedési lámpa / simaforo

kunyhó
ch'ullka

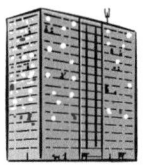

lakás
apartamento

vonatállomás
trin estasiun

városháza
tantanakuy wasi

múzeum
rikuchina wasi

iskola
yachay wasi

város - llaqta

egyetem	bank	kórház
Jatun yachaywasi	qullqi pirwa	Jampina wasi

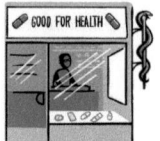

hotel	gyógyszertár	iroda
tampu wasi	jampi ranqhana wasi	ujisina

könyvesbolt	üzlet	virágüzlet
p'anqa pirwa	tienda	t'ika wasi

szupermarket	piac	áruház
jatun qhatu	qhatu	jatun pirwa

halárus	bevásárló központ	kikötő
challwa wasi	jatun rantina wasi	wamp'u qhispinan

park

jark'asqa chiqan

pad

qullqi pirwa

híd

chaka

lépcső

wichana

metró

metro

alagút

suqhu

buszmegálló

autuwus sayana

bár

bar

étterem

mikhuna wasi

postaláda

willa qillqa juch'uy wanqara

utcatábla

t'uqsi tuni

parkoló óra

parkimetro

állatkert

jatun uywa kancha

uszoda

armakuna

mecset

meskita

város - llaqta

gazdálkodás
chakra wasi

környezetszennyezés
pacha unquchiq

temető
Aya pampa

templom
iñiy wasi

játszótér
pukllana kancha

szentély
Qhapana

táj
wanlla

- levél — raphi
- útjelző tábla — sanampa
- út — ñan
- rét — waylla
- túrázó — puriq runa
- kő — rumi
- fa — sach'a
- folyó — mayu
- fű — sach'a
- virág — t'ika

völgy	domb	tó
qhichwa	muqu	qucha
	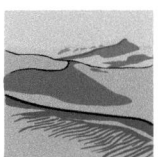	
erdő	sivatag	vulkán
Sach'a sach'a	purun	nina phuqchiq urqu

kastély	szivárvány	gomba
kastilla wasi	k'uychi	champiñun

pálmafa	szúnyog	légy
chunta	ch'uspi	ch'uspi

hangya	méhecske	pók
sik'imira	wara	kusi kusi

táj - wanlla

bogár
ch'iqi

béka
k'ayra

mókus
artilla

sündisznó
askanku

nyúl
liwre

bagoly
ch'usiqa

madár
p'isqu

hattyú
yuku p'isqu

vaddisznó
sintiru

szarvas
sierwu

rénszarvas
alsi

gát
waykhasqa

szélturbina
wayrakallpa

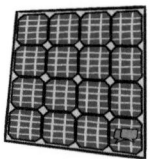
napelem
inti panil

éghajlat
pacha wayra

táj - wanlla

étterem
mikhuna wasi

- pincér / wayna yanapaq
- menü / menu
- szék / tiyana
- leves / supa
- pizza / pitsa
- evőeszköz / tumina
- terítő / mast'a jamp'ara

előétel
ñawpaq mikhuna

főétel
yari mikhuna

desszert
mikhuy yapa

italok
upyanakuna

étel
mikhuna

üveg
wutilla

gyorsétel
saqra ura

gyorsétel
kalli mikhuna

teás kanna
te churana

cukortartó
misk'i churana

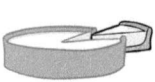

adag
chhika

eszpresszógép
cajitira iksprisu

bárszék
jatun tiyana

számla
yupay

tálca
bandija

kés
tumi

villa
tinidur

kanál
wislla uña

teáskanál
juch'uy wislla uña

szalvéta
simi pichana

pohár
qhispi akilla

étterem - mikhuna wasi

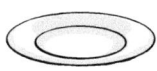

tányér	leveses tányér	csészealj
chuwa	chuwa	chuwa

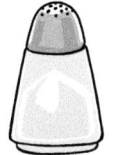

szósz	sószóró	borsőrlő
salsa	kachi churana	pimienta kutana

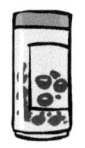

ecet	étkezési olaj	fűszerek
k'allkucha	llukllu	ch'aki q'mirkuna

ketchup	mustár	majonéz
ketchup	mostaza	mayonisa

szupermarket
jatun qhatu

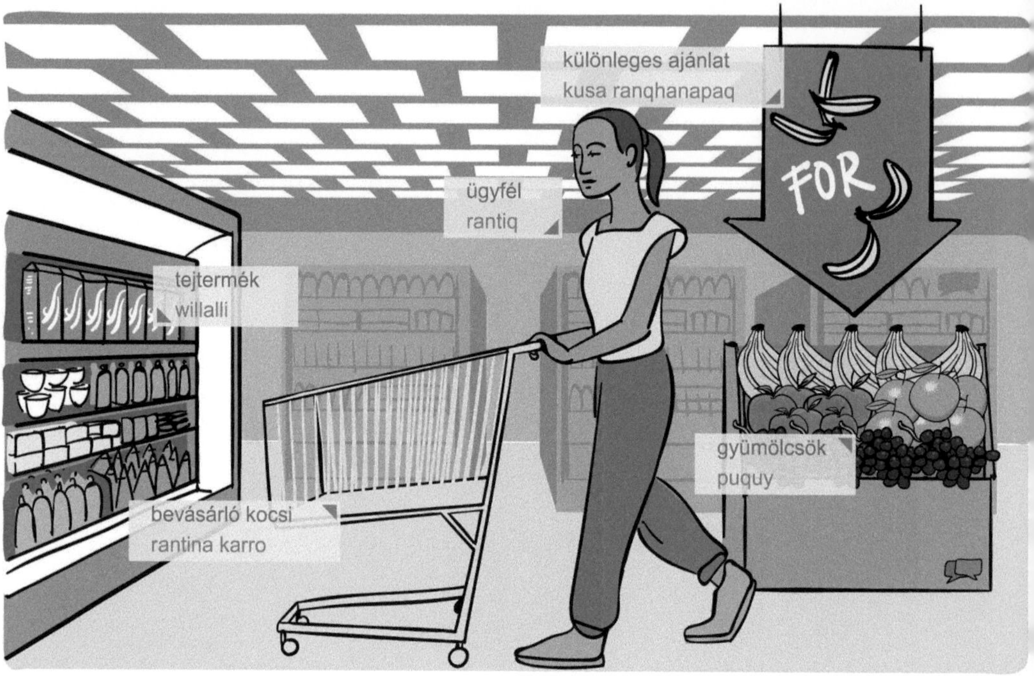

különleges ajánlat
kusa ranqhanapaq
FOR
ügyfél
rantiq
tejtermék
willalli
gyümölcsök
puquy
bevásárló kocsi
rantina karro

BUTCHERS

hentes

aicha wasi

BAKERY

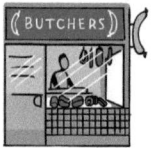

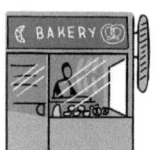

pékség

t'anta wasi

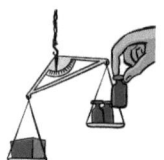

nyom valamennyit

llasay

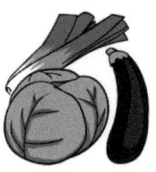

zöldség

q'umirkuna

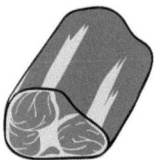

hús

aycha

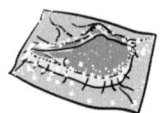

fagyasztott áru

chhullunka mikhuna

felvágott
quqawi

konzerv
mikhuna unaychasqa

mosópor
ditirjinti

édességek
misk'ikuna

háztartási termék
wasimanta pruduktu

tisztítószerek
maylla produkto

eladó
ranqhaq

pénztárgép
kartun p'uktaki

eladó
kajiru

bevásárló lista
sinru qillqa rantina

nyitva tartás
sumaq runa uyarina phani

levéltárca
qullqi wayaqa

hitelkártya
tarjita kriditumanta

zacskó
plastiko wayaqa

műanyag zacskó
plastiku wayaqa

szupermarket - jatun qhatu

italok
upyanakuna

víz
yaku

gyümölcslé
jilli

tej
ch'awa

kóla
coca cola

bor
vino

sör
sirwisa

alkohol
alkula

kakaó
kakawu

tea
te

kávé
caji

eszpresszó
ieksprisu

kapucsínó
capuchinu

étel
mikhuna

banán
platanu

alma
mansana

narancs
laranja

sárgadinnye
milun

citrom
limun

sárgarépa
sanawrya

fokhagyma
aju

bambusz
wamwu

hagyma
siwulla

gomba
champiñun

magvak
awillana

nokedli
jirius

spagetti
ispawiti

rizs
arrus

saláta
sarsa

sült krumpli
papa kanka

sült burgonya
papa kanka

pizza
pitsa

hamburger
amwirkisa

szendvics
sanwich

hússzelet
jiliti

sonka
jamun

szalámi
salami

kolbász
salchicha

csirke
chichilu

pecsenye
aycha kanka

hal
challwa

étel - mikhuna

| zabkása | müzli | kukoricapehely |
| p'aqa awina | muesli | p'aqa sara |

| liszt | croissant | zsemle |
| jak'u | krwasan | k'awka |

| kenyér | pirítós kenyér | keksz |
| t'anta | t'anta jamk'a | khamuna |

| vaj | túró | sütemény |
| mantikilla | ñuqñu | pastil |

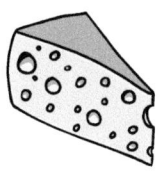

| tojás | tükörtojás | sajt |
| runtu | runtu kanka | masara |

étel - mikhuna

jégkrém	cukor	méz
chullunka misk'i	misk'i	wayrunq'u misk'i

lekvár	mogyorókrém	curry
mirmilara	krima turrunmanta	kurri

étel - mikhuna

gazdálkodás
chakra wasi

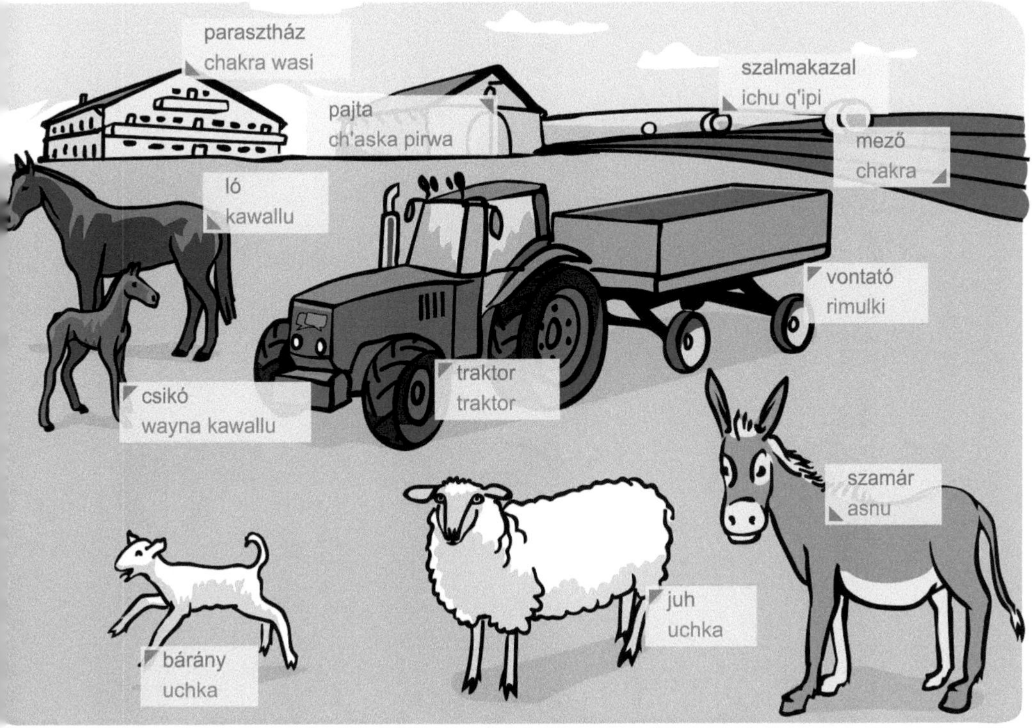

parasztház — chakra wasi
pajta — ch'aska pirwa
szalmakazal — ichu q'ipi
mező — chakra
ló — kawallu
vontató — rimulki
csikó — wayna kawallu
traktor — traktor
szamár — asnu
bárány — uchka
juh — uchka

kecske
karwa

tehén
waka

borjú
waka uña

malac
khuchi

kismalac
khuchi uña

bika
turu

liba
wallata

kacsa
pili

csibe
chchilu

tojó
wallpa

kakas
k'anka

patkány
jatun juk'ucha

macska
misi/michi

egér
juk'ucha

ökör
turu

kutya
alqu

kutyaház
alquwasi

kerti öntözőcső
mankira

öntözőkanna
qarpana jalp'a

kasza
rutuna

eke
taklla

gazdálkodás - chakra wasi

sarló
rutuna

kapa
liwk'ana

vasvilla
sipina

fejsze
ayri

talicska
kapachu

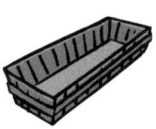
teknő
yaku upyana

tejes kancsó
willalli purunku

zsák
jatun wayaqa

kerítés
jark'aq ch'ipa

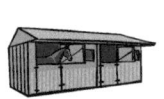
istálló
kancha wasi

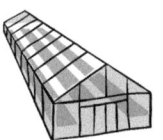
üvegház
inwirnadiru

talaj
pampa

vetőmag
muju

trágya
wanu

cséplőgép
makina allana

gazdálkodás - chakra wasi

szüretelni	betakarítás	yamgyökér
allay	allay	ñame

búza	szója	burgonya
tiriwu	soya	papa

kukorica	repcemag	gyümölcsfa
sara	kulsa luru	wayu sach'a

manióka	gabona	
mandiuka	ch'aki puquy	

gazdálkodás - chakra wasi

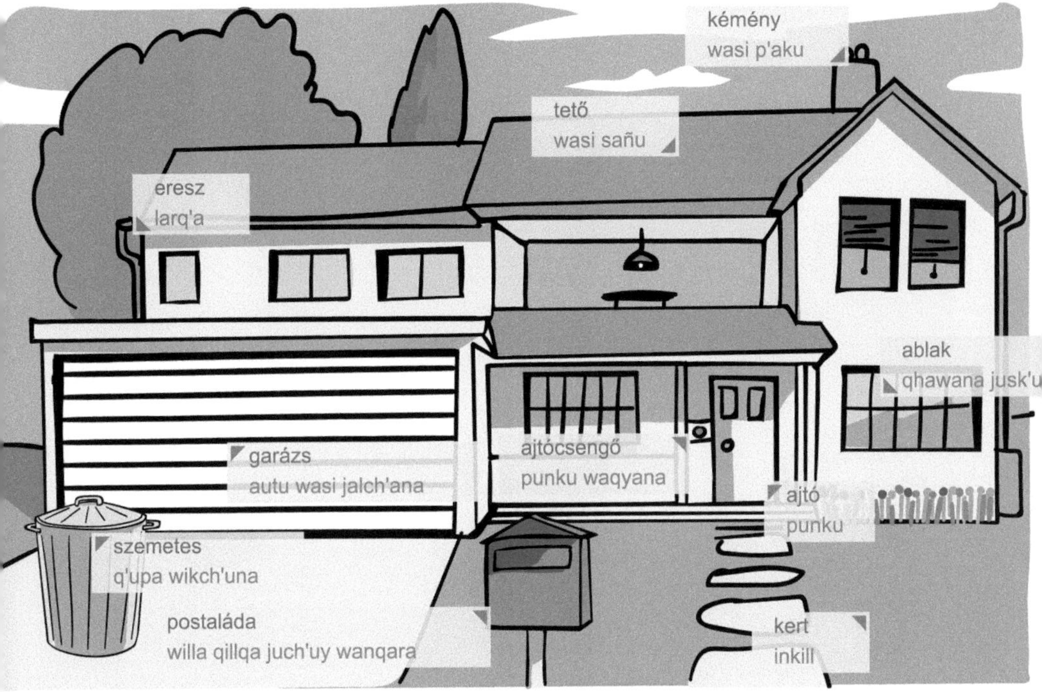

ház
wasi

- kémény / wasi p'aku
- tető / wasi sañu
- eresz / larq'a
- ablak / qhawana jusk'u
- garázs / autu wasi jalch'ana
- ajtócsengő / punku waqyana
- ajtó / punku
- szemetes / q'upa wikch'una
- postaláda / willa qillqa juch'uy wanqara
- kert / inkill

nappali

k'illi wanlla

fürdőszoba

akana wasi

konyha

wayk'una wasi

hálószoba

puñuna wasi

gyerekszoba

wawa k'uchu

ebédlő

mikhuna k'uchu

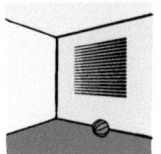
padló
pampa

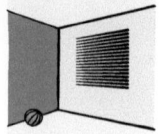
fal
pirqa

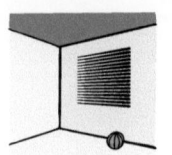
plafon
wasip khatan

pince
wasi ukhun

szauna
sawna

erkély
walkun

terasz
pirqa

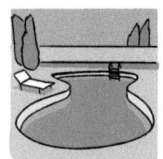
medence
armakuna

fűnyíró
k'achina

lepedő
iqana

ágytakaró
khatana

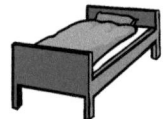
ágy
puñuna

seprű
pichana

vödör
yaku aysana

kapcsoló
k'ancha jap'ichiq

nappali
k'illi wanlla

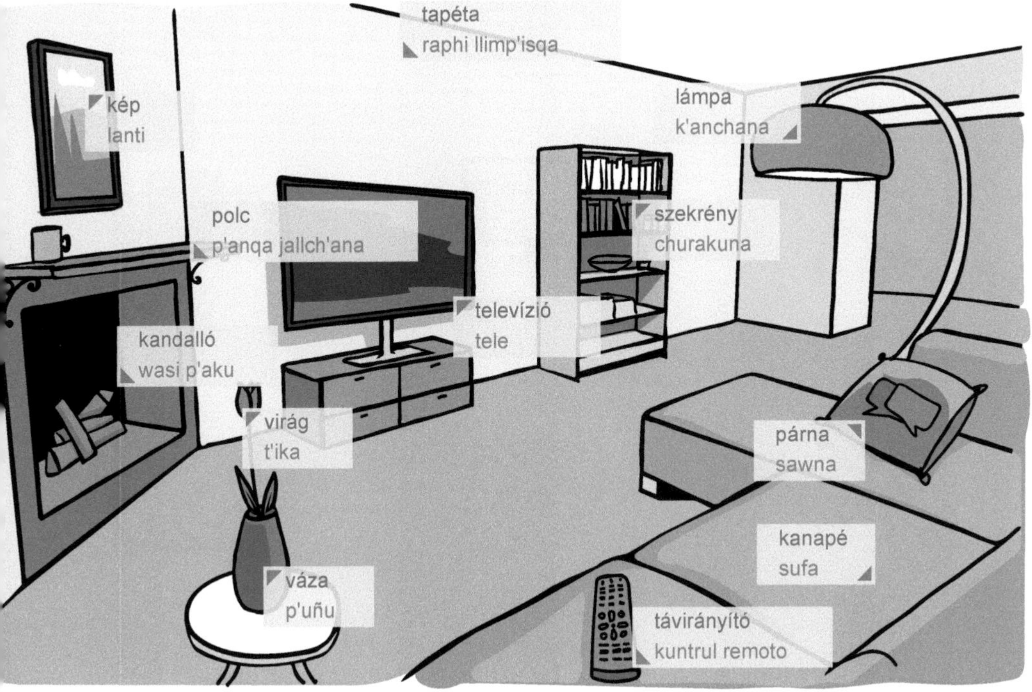

kép — lanti
tapéta — raphi llimp'isqa
lámpa — k'anchana
polc — p'anqa jallch'ana
szekrény — churakuna
kandalló — wasi p'aku
televízió — tele
virág — t'ika
párna — sawna
váza — p'uñu
kanapé — sufa
távirányító — kuntrul remoto

szőnyeg
pampa mast'ana

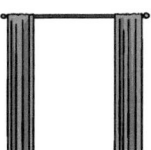

függöny
arapa

asztal
jamp'ara

szék
tiyana

hintaszék
chhuku tiyana

karosszék
kirana

könyv
p'anqa

takaró
mast'a

dekoráció
t'ikanchay

tűzifa
llamt'a

film
pelikula

hifi
takina ekipu

kulcs
ch'atana

újság
mit'awa

festmény
llimp'i

poszter
poster

rádió
wayra simi

jegyzetfüzet
qillqana p'anqa

porszívó
aspiradora

kaktusz
pukru

gyertya
ispilma

nappali - k'illi wanlla

konyha
wayk'una wasi

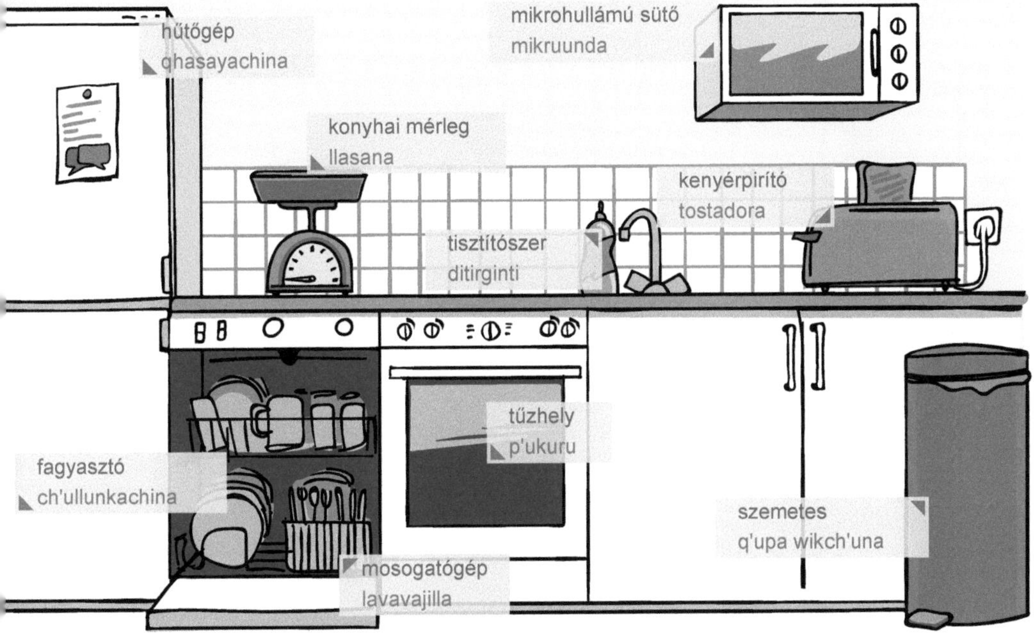

- hűtőgép — qhasayachina
- mikrohullámú sütő — mikruunda
- konyhai mérleg — llasana
- kenyérpirító — tostadora
- tisztítószer — ditirginti
- tűzhely — p'ukuru
- fagyasztó — ch'ullunkachina
- szemetes — q'upa wikch'una
- mosogatógép — lavavajilla

tűzhely
presiun manka

edény
manka

vasfazék
q'illa manka

wok / kadai
wok

serpenyő
payla

vízforraló
thimpuchina

konyha - wayk'una wasi

pároló
wapsina

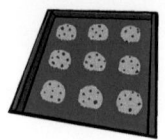

tepsi
p'ukuru punku

étkészlet
vajilla

bögre
tasa

tálka
tason

evőpálcika
palillo

merőkanál
wislla

keverőlapátka
phusuqa urquna

habverő
qaywina

szűrő
isanka

szita
suysuna

reszelő
thupana

mozsár
kutana

grillsütő
kawitu

kandalló
nina jap'ichina

vágódeszka
k'ullu kuchunapaq

sodrófa
tuquru

dugóhúzó
sacacurchu

doboz
lata

konzervnyitó
lata kichana

edényfogó
jap'ina

mosogató
chuwa mayllana

kefe
sipillu

szivacs
ispunja

turmixgép
watidora

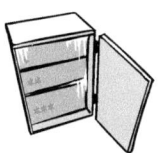
mélyhűtő
ch'ullunkachina

cumisüveg
biberon

csap
grifo

konyha - wayk'una wasi

fürdőszoba
akana wasi

- fűtés / kalefaksiun
- törölköző / ch'akina
- zuhany / armana
- zuhanyfüggöny / arapa
- habfürdő / phusuqa mayllana
- kád / bañera
- pohár / qhispi akilla
- mosógép / makina mayllana
- csempe / azulijo
- csap / grifo
- bili / manka jisp'ana
- mosogató / chuwa mayllana

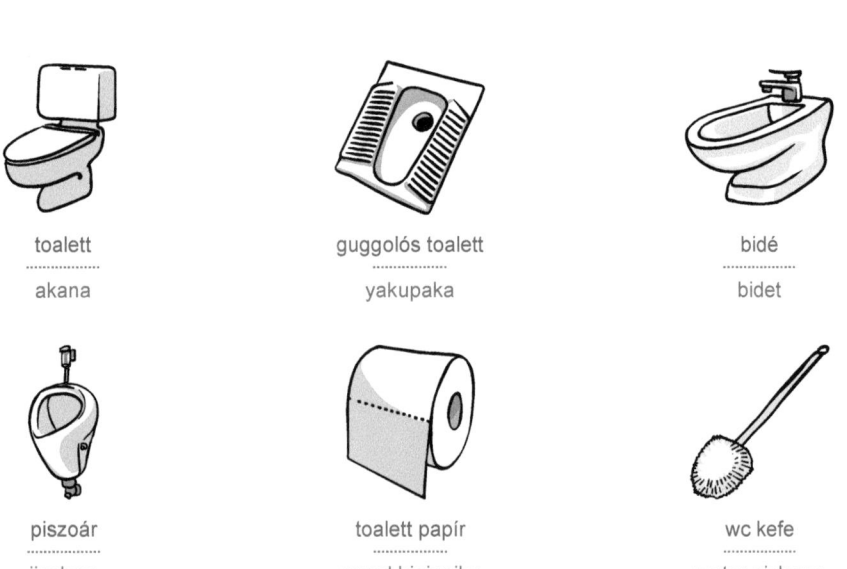

toalett / akana	guggolós toalett / yakupaka	bidé / bidet
piszoár / jisp'ana	toalett papír / papel higieniku	wc kefe / water pichana

fürdőszoba - akana wasi

fogkefe
kiru khituna

fogkrém
kiru pasta

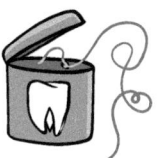
fogselyem
kiru q'aytu

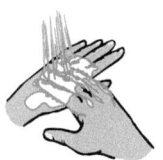
mosni
mayllay

kézi zuhany
armana makiwan

intimzuhany
armana

mosdótál
pila

hátmosó kefe
wasa cepillo

szappan
t'arta

tusfürdő
llukllu armanapaq

sampon
champu

mosdókesztyű
ch'akina

lefolyó
ch'chi yaku wikch'una

krém
krima

dezodor
kuntu wayllak'upaq

fürdőszoba - akana wasi

tükör	kézitükör	borotva
qhispi	qhawakunaqhispi	mumikuna

borotvahab	borotválkozás utáni arcszesz	fésű
phusuqu mumikunapaq	lusiun mumikunapaq	sikrana

hajkefe	hajszárító	hajlakk
kuiru khituna	sekadora	ispray

smink	ajakrúzs	körömlakk
makillaji	simi llimp'ina	llimp'i sillu

vatta	körömvágó olló	parfüm
ampi	sillu k'utuna	untu

fürdőszoba - akana wasi

neszesszer
wayaqa ch'usanapaq

sámli
chukuna

mérleg
aysana

köntös
bata

gumikesztyű
maki wayaqa gumamanta

tampon
tampon

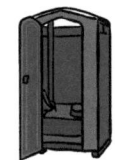

egészségügyi betét
raphi ch'akina

vegyi WC
akanapaq tiyana kimiku

fürdőszoba - akana wasi

gyerekszoba
wawa k'uchu

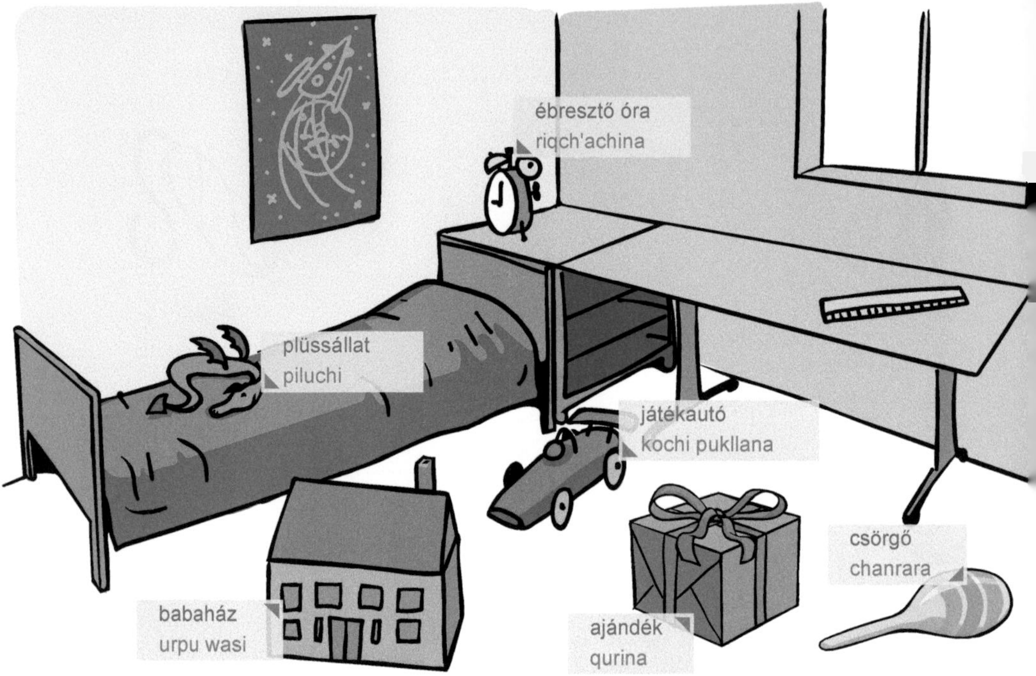

ébresztő óra
riqch'achina
plüssállat
piluchi
játékautó
kochi pukllana
csörgő
chanrara
babaház
urpu wasi
ajándék
qurina

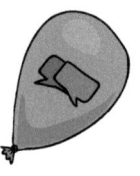

lufi

phuyu phuku

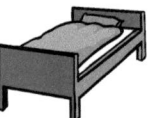

ágy

puñuna

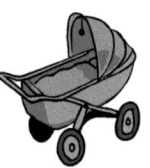

babakocsi

wawa kochi

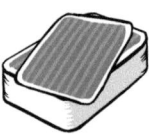

kártyapakli

naypi

kirakós játék

pusli

SUPER
MEGA

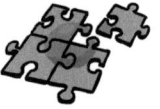

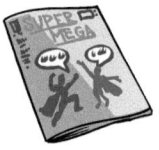

képregény

riwista

építőkockák
legukuna

építőelem
wluki pukllana

szuperhős
figura aksionmanta

rugdalózó
wuri wawapaq

frizbi
friswi

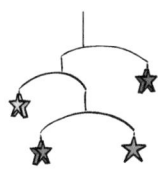
zenélő forgó
wawa marq'a

társasjáték
jamp'ara pukllana

kocka
dado

modellvasút
trin iliktriko purina

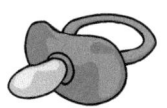
cumi
maniki

zsúr
raymi

képeskönyv
futu p'anqa

labda
p'ulu

baba
urpu

játszani
pukllay

gyerekszoba - wawa k'uchu

homokozó
t'iyu p'utaki

hinta
wallunk'a

játékok
pukllana

videójáték konzol
wiriukunsula

tricikli
trisiklu

teddi maci
jukumari pukllana

ruhásszekrény
p'acha jallch'ana

ruházat
p'acha

zokni
chakiwayaqa

harisnya
chakiwayaqa qharipaq

harisnyanadrág
chakiwayaqa

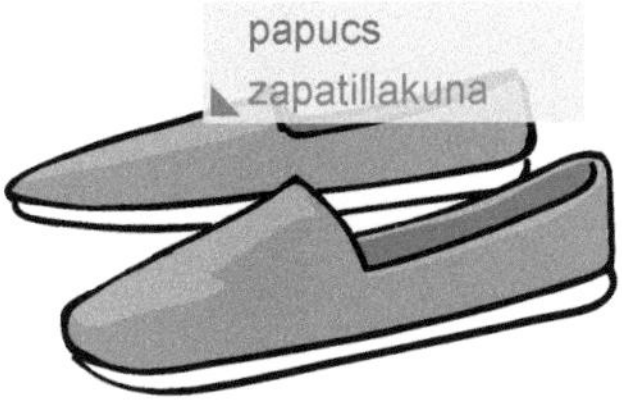

sál / chalina

esernyő / parawa

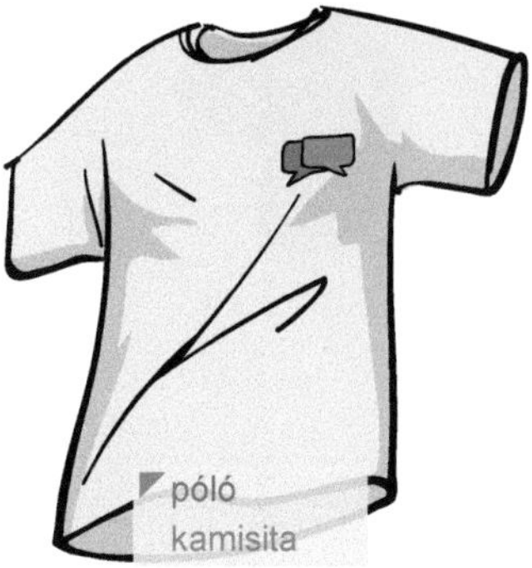

póló / kamisita

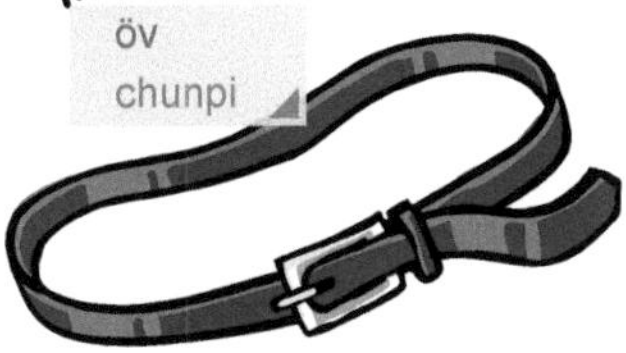

öv / chunpi

csizma / wutakuna

papucs / zapatillakuna

tornacipő / tinis

szandál
llanq'i

cipő
phapatukuna

gumicsizma
wutakuna parapaq

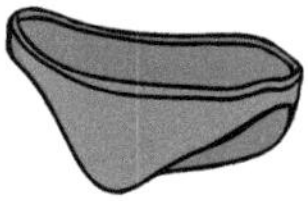

alsónadrág
ukhu p'acha

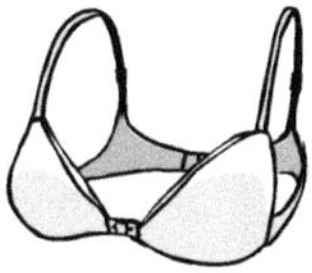

melltartó
sustin

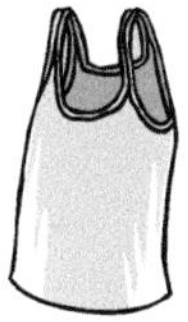

mellény
chaliku

ruházat - p'acha

body	nadrág	farmer
wuri	pantalu kurtu	wakiru

szoknya	blúz	ing
arphi	wulusa	kamisa

pulóver	kapucnis pulóver	blézer
chumpa	chumpa	blazer

dzseki	kabát	esőkabát
chakita	qhata	yawardina

kosztüm	ruha	esküvői ruha
traji	wistiru	wistiru nowiamanta

ruházat - p'acha

öltöny
traji

hálóing
kamisun

pizsama
piyama

szári
sari

fejkendő
wandana

turbán
turbante

burka
burka

kaftán
kaftan

abaya
abaya

fürdőruha
traje mayllakunapaq

fürdőnadrág
p'acha mayllakunpaq

rövidnadrág
kurtu

tréningruha
p'acha tukuy p'unchawpaq

kötény
dilantal

kesztyű
makiwayaqa

ruházat - p'acha

gomb
ch'itana

szemüveg
gafakuna

karkötő
maki watana

nyaklánc
wallqa

gyűrű
siwi

fülbevaló
linri quri

sapka
q'aspa

vállfa
p'acha warkhuna

kalap
chharara

nyakkendő
kurbata

cipzár
pantalu wisk'ana

bukósisak
kasku

nadrágtartó
tirantikuna

iskolai egyenruha
uniforme

egyenruha
uniformi

ruházat - p'acha

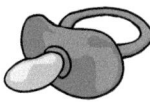
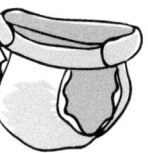

előke	cumi	pelenka
llawsanapaq	maniki	jananta

iroda
ujisina

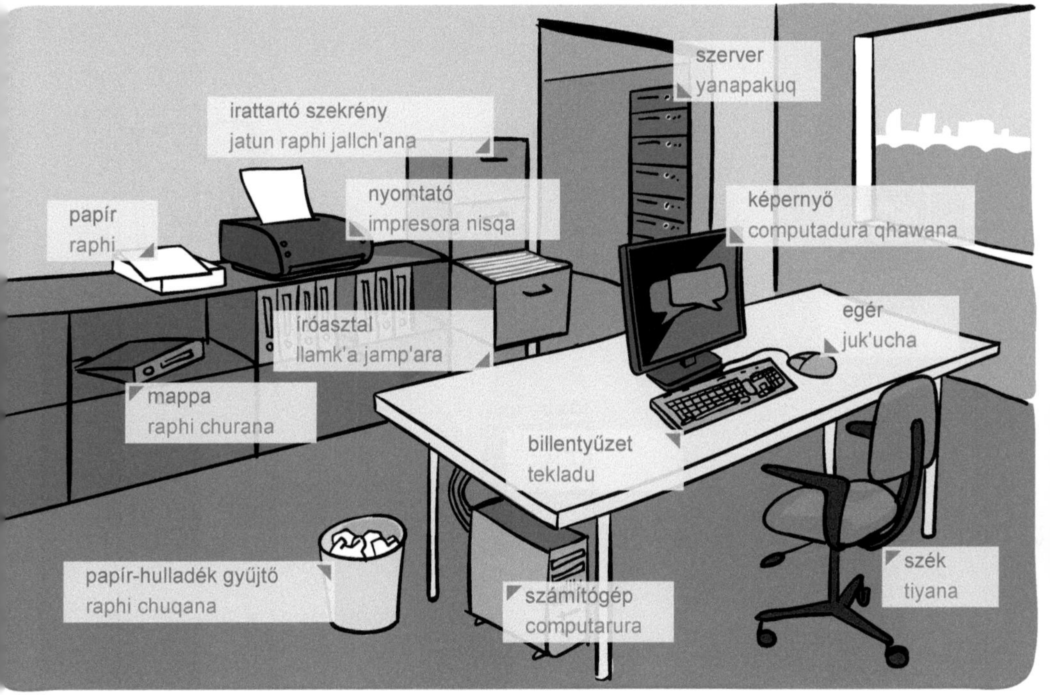

- **irattartó szekrény** — jatun raphi jallch'ana
- **szerver** — yanapakuq
- **papír** — raphi
- **nyomtató** — impresora nisqa
- **képernyő** — computadura qhawana
- **íróasztal** — llamk'a jamp'ara
- **egér** — juk'ucha
- **mappa** — raphi churana
- **billentyűzet** — tekladu
- **papír-hulladék gyűjtő** — raphi chuqana
- **számítógép** — computarura
- **szék** — tiyana

kávéscsésze	számológép	internet
tasa cajimanta	calcularura	intirnit

iroda - ujisina

laptop
laptop

levél
chaki qillqa

üzenet
willachiy

mobiltelefon
silular

hálózat
red

fénymásoló
futukopia

szoftver
software

telefon
tilijunu

konnektor
toma corriente

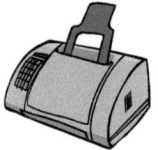
faxgép
faks

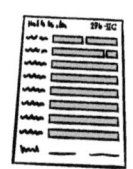
formanyomtatvány
jurmulario

dokumentum
asuy qillqa

iroda - ujisina

gazdaság
qullqikamay

venni
ranqhay

fizetni
qupuy

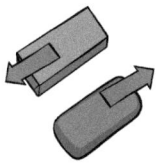

kereskedni
ranqhay

pénz
qullqi

dollár
dólar qullqi

euró
iwro qullqi

jen
yen qullqi

rubel
ruwlu qullqi

svájci frank
juranku swisu qullqi

kínai jüan
rinminwi qullqi

rúpia
rupia qullqi

bankautomata
kajiru awtumatiku

valutaváltó iroda — qullqi rantina wasi

arany — quri

ezüst — qullqi

olaj — pitruliu

energia — kallpa

ár — yupa

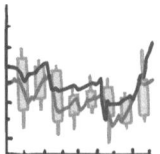

szerződés — mink'ay

adó — impuistu

részvény — aksiun

dolgozni — llamk'ay

munkavállaló — llamk'achiq

munkaadó — llamk'achiq

gyár — puquchiy kiti

üzlet — tienda

gazdaság - qullqikamay

foglalkozások
llamk'aykuna

rendőr
ajinti policiamanta

tűzoltó
wumwiru

szakács
wayk'uq

orvos
jampi kamayuq

pilóta
pilutu

kertész
inkill kamayuq

kárpitos
llaqllaykamayuq

varrónő
siraykamayuq

bíró
khuskachaq

vegyész
jampi ranqhaq

színész
aranwaq

buszsofőr	taxisofőr	halász
awtuwus q'iwiq	taksi q'iwiq	challwakamayuq

bejárónő	tetőfedő	pincér
pichaq	wasip qhatan	wayna yanapaq

vadász	festő	pék
chakuykamayuq	llimp'iq	t'antiri

villanyszerelő	építőmunkás	mérnök
iliktrisista	llam'kaq	k'llikacha

hentes	vízvezeték-szerelő	postás
ñak'aq	yaku kamayuq	qillqa apaq

foglalkozások - llamk'aykuna

katona
awqakuq

építész
wasikamayuq

eladó
kajiru

virágos
t'ikachaq

fodrász
chukcharutuq

kalauz
q'iwichiq

műszerész
mikaniku

kapitány
wamink'a

fogorvos
kirukamayuq

tudós
jamawt'a

rabbi
rawinu

imám
k'askachimuq

szerzetes
munji

lelkész
tata kura

szerszámok
ruk'awi

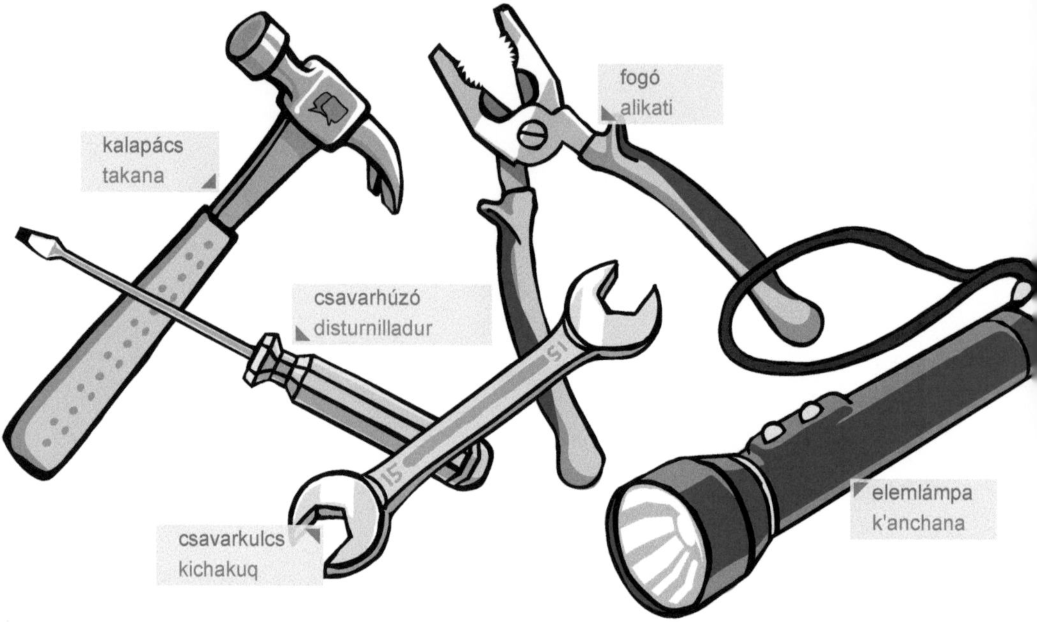

kalapács — takana

fogó — alikati

csavarhúzó — disturnilladur

csavarkulcs — kichakuq

elemlámpa — k'anchana

markológép
ikskawadura

szerszámosláda
ruk'awi p'uktaki

vödör
wichana makiyuq

fűrész
sierra

szög
takarpu

fúrógép
talaru

megjavítani

allinchay

lapát

lampa

A francba!

¡Supay apachun!

szemétlapát

q'upa tantana

festékesdoboz

llimp'i churana

csavar

turnillukuna

hangszerek
takichiy nakuna

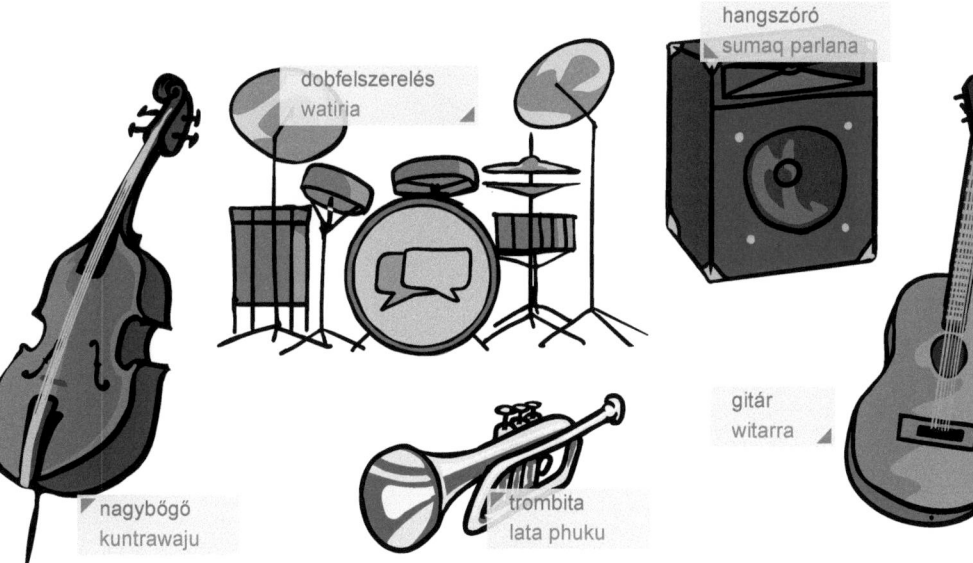

hangszóró — sumaq parlana

dobfelszerelés — watiria

gitár — witarra

nagybőgő — kuntrawaju

trombita — lata phuku

| zongora | hegedű | basszusgitár |
| pianu | wiulin | waju |

| üstdob | dobok | digitális zongora |
| tinwalis | wankar | tikladu |

| szaxofon | fuvola | mikrofon |
| saksu | phukuna | mikrufunu |

hangszerek - takichiy nakuna

állatkert
jatun uywa kancha

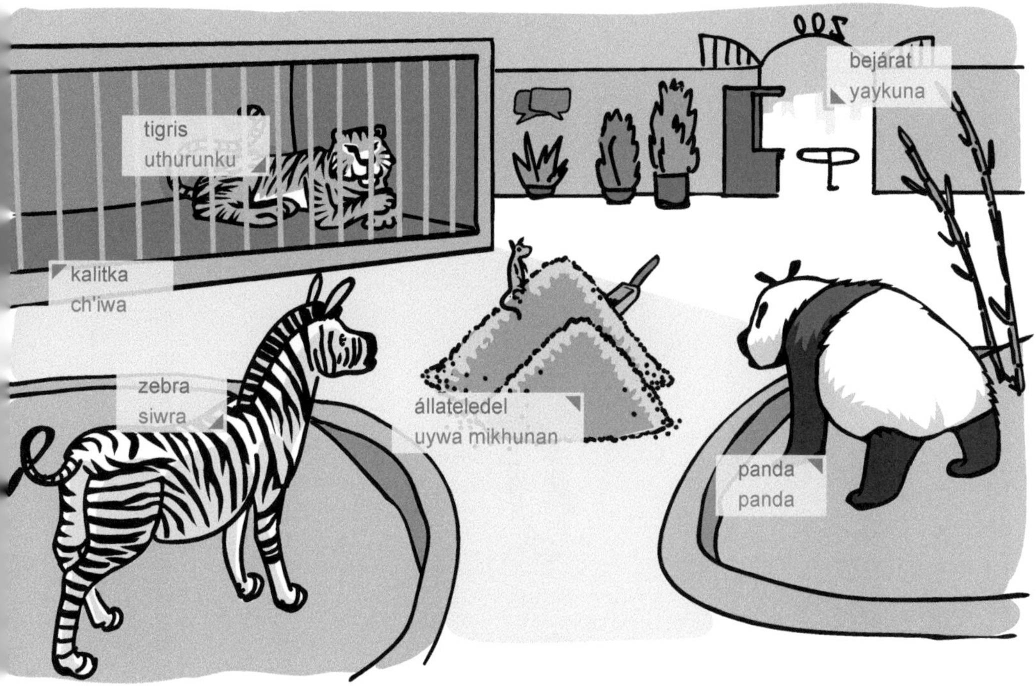

- tigris / uthurunku
- bejárat / yaykuna
- kalitka / ch'iwa
- zebra / siwra
- állateledel / uywa mikhunan
- panda / panda

állatok
uywa

elefánt
ilijanti

kenguru
kanguru

orrszarvú
rinusirunti

gorilla
gurila

medve
jukumari

teve
kamillu

strucc
suri

oroszlán
puma

majom
k'usillu

flamingó
pariwana

papagáj
q'ichichi

jegesmedve
pular jukumari

pingvin
pinwinu

cápa
tiwurun

páva
pawu

kígyó
katari

krokodil
kukuwurilu

állatgondozó
jatun uywa kancha arariwa

fóka
fuka

jaguár
uthurunku

állatkert - jatun uywa kancha

póniló
puni

leopárd
lliwpardu

víziló
hipuputamu

zsiráf
jirafa

sas
anka

vaddisznó
sintiru

hal
challwa

teknős
turtuga

rozmár
mursa

róka
atuq

gazella
gacila

állatkert - jatun uywa kancha

sportok
atipanaku pukllay

tevékenységek
ruwakuna

 birtokolni / yuq	 csinálni / ruway	 lenni / kay
 állni / sayay	 futni / t'ijuy	 húzni / chuqay
 hajít / chuqay	 esni / urmay	 hazudni / siriy
 várni / suyay	 vinni / apay	 ülni / chukuchiy
 felvenni / p'achachakuy	 aludni / puñuy	 felébredni / rikch'ay

ránézni
qhaway

sírni
waqay

simogat
waylluy

fésülni
sikray

beszélni
rimay

megérteni
unanchay

kérdezni
tapuy

hallgatni
uyariy

inni
upyay

enni
mikhuy

takarítani
kamachiy

szeretni
khuyay

főzni
wayk'uy

vezetni
q'iwiy

szállni
phaway

tevékenységek - ruwakuna

vitorlázni
wamp'uy

számol
yupanchay

olvasni
ñawiriy

tanulni
yachay

dolgozni
llamk'ay

házasodni
sawaray

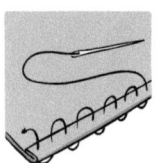
varrni
siray

fogat mosni
kiru khitukuy

ölni
wanchiy

dohányozni
pitay

küldeni
kachay

tevékenységek - ruwakuna

család
yawar masikuna

- nagymama / jatun mama
- nagypapa / jatun tata
- apa / tata
- anya / mama
- kisbaba / wawa
- lány / warmi wawa / ususi
- fiú / qhari wawa / churin

vendég
jamuynisqa

nagynéni
ipa

nagybácsi
kaki

fiútestvér
tura/wawqi

lánytestvér
ñaña/pana

test
uqhu

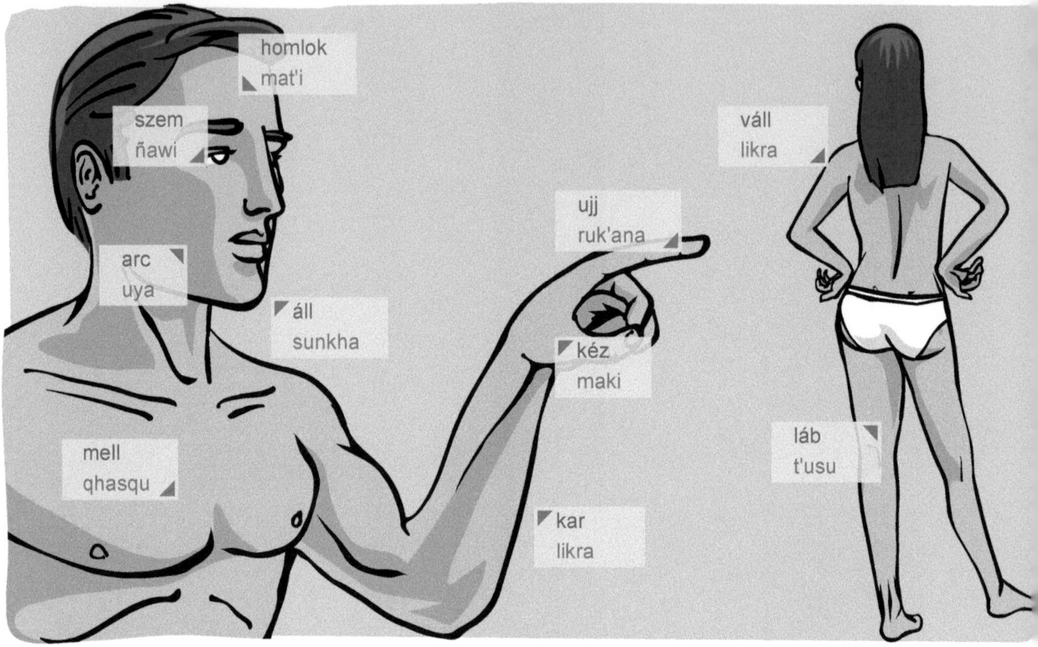

- szem / ñawi
- homlok / mat'i
- arc / uya
- áll / sunkha
- ujj / ruk'ana
- kéz / maki
- váll / likra
- mell / qhasqu
- kar / likra
- láb / t'usu

kisbaba / wawa

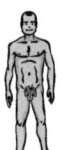

ember / qhari

nő / warmi

lány / sipas

fiú / yuqalla

fej / uma

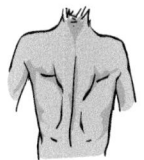

hát
wasa

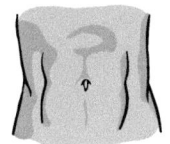

has
wisa ukhu

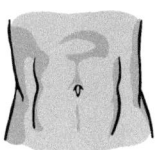

köldök
pupu

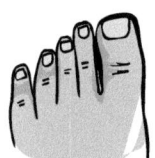

lábujj
ruk'ana

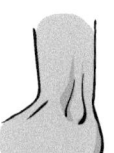

sarok
takillpa

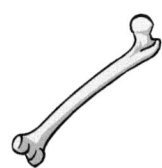

csont
tullu

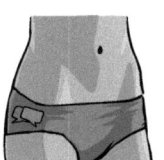

csípő
chaka

térd
muqu

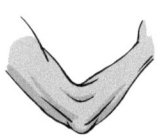

könyök
maki muqu

orr
sinqa

fenék
siki

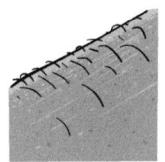

bőr
qara

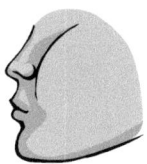

orca
k'aqlla

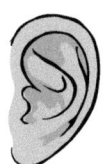

fül
linri

ajak
sipri

száj
simi

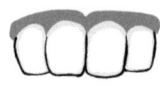

fog
kiru

nyelv
qallu

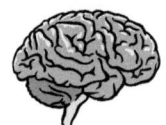

agy
ñuqtu

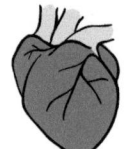

szív
sunqu

izom
mach'i

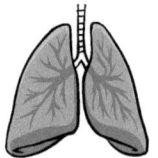

tüdő
surq'an

máj
k'iwicha

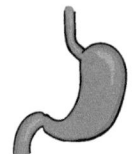

gyomor
wisa

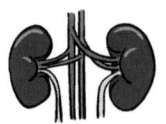

vese
wasa ruru

szex
lluq'anaku

kondom
condon

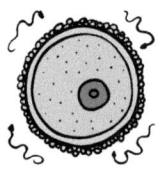

petesejt
ch'uytu

sperma
yuma

terhesség
wiksayuq kay

test - uqhu

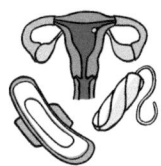

menstruáció

k'ikuy

vagina

rakha

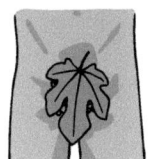

pénisz

ullu

szemöldök

qhichira

haj

chukcha

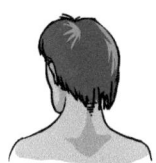

nyak

kunka

test - uqhu

kórház
Jampina wasi

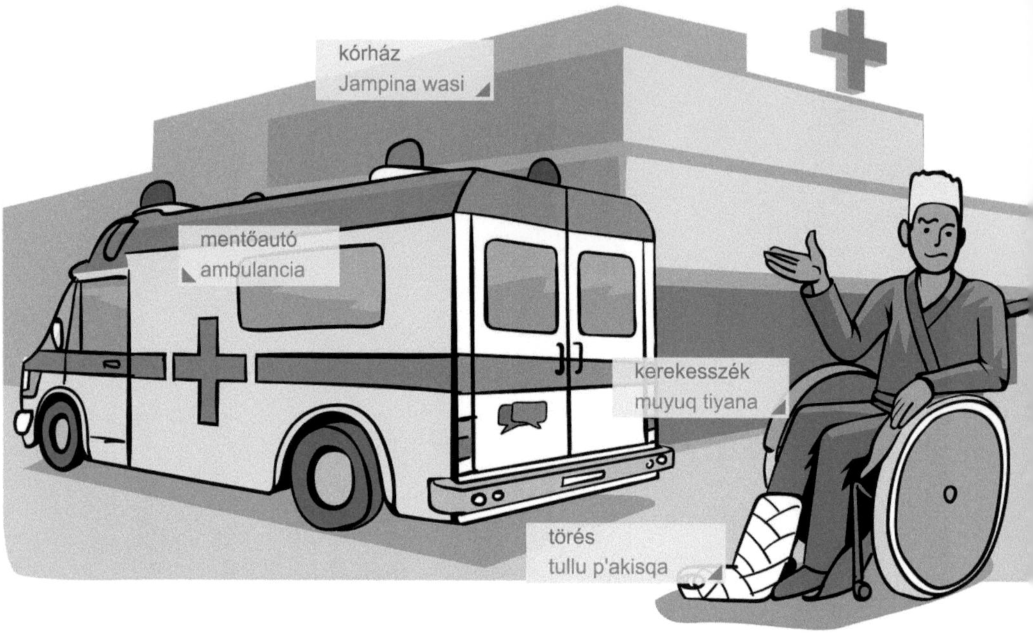

kórház — Jampina wasi

mentőautó — ambulancia

kerekesszék — muyuq tiyana

törés — tullu p'akisqa

orvos
jampi kamayuq

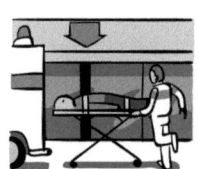

sürgősségi osztály
urgencia wasi

ápoló
jampi yanapaq

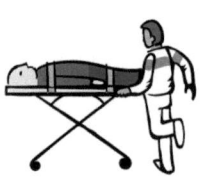

vészhelyzet
urjinsia

eszméletlen
mana yuyayniyuqchu

fájdalom
nanay

sérülés
ñuti

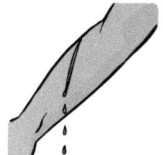
vérzés
sirk'ay

szívroham
infarto

szélütés
wayra

allergia
millachikuq

köhögés
ch'uju

láz
k'aja unquy

influenza
p'urqi

hasmenés
q'icha

fejfájás
uma nanay

rák
isqu unquy

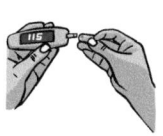
cukorbetegség
diyawitis

sebész
jampi kamayuq

szike
bisturi

műtét
upirasiun

kórház - Jampina wasi

CT
TAC

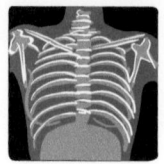
röntgen
tullurikuchi

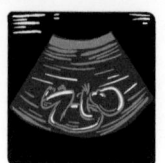
ultrahang
ultrasunidu

arcmaszk
jark'ana

betegség
unquy

váróterem
suyanapaq k'illi wanlla

mankó
tawna

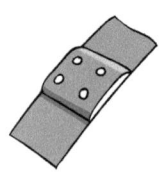
sebtapasz
tinta

kötszer
manku

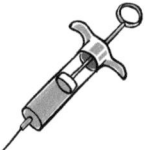
injekció
inyiksiun

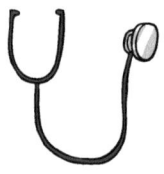
sztetoszkóp
istituskupiu

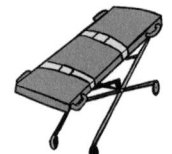
hordágy
kallapu

klinikai hőmérő
llaphi tupuna tupu

születés
paqarisqa

túlsúly
wirachasqa

kórház - Jampina wasi

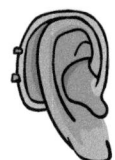
hallókészülék
audifono

fertőtlenítőszer
disinjiktanti

fertőzés
q'iyacha

vírus
miyu

HIV/AIDS
VIH / SIDA

orvosság
jampi

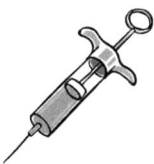
oltás
wakuna

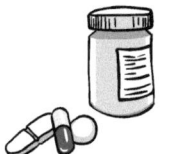
tabletták
tawlitakuna

tabletta
pastilla

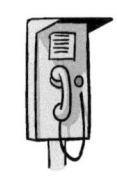
sürgősségi hívás
usqay waqyana

vérnyomásmérő
tinsiumitru

betegség / egészség
unqusqa / qhali

kórház - Jampina wasi

vészhelyzet
urjinsia

Segítség!	riasztás	rajtaütés
¡Yaw!	alarma	manchay

támadás	veszély	vészkijárat
waykha	chhiki	punku utqay lluqsinapaq

tűz!	tűzoltókészülék	baleset
¡Nina!	nina wañichiq	ñak'ariy
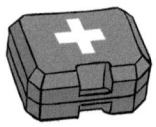		
elsősegélycsomag	SOS	rendőrség
botiquin de primeros auxilios	SOS	pulisiya

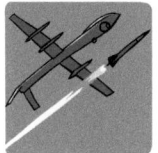

föld
Pacha

Európa
Iwrupa

Észak-Amerika
Chincha Amerika

Dél-Amerika
Qulla Amerika

Afrika
Ajurika

Ázsia
Asia

Ausztrália
Awstralia

Atlanti-óceán
Atlantiku

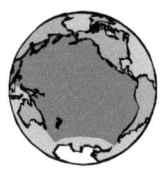

Csendes-óceán
Pasijiku

Indiai-óceán
Indiku mama qucha pacha

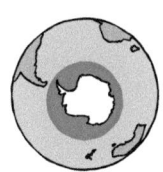

Déli-óceán
Antartiku mama qucha pacha

Jeges-tenger
Artiku mama qucha pacha

Északi-sark
chincha pulu

Déli-sark
qulla pulu

Antarktisz
Antartida

föld
Pacha

szárazföld
jallp'a

tenger
mama qucha

sziget
tara

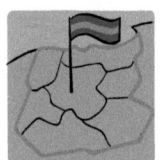
nemzet
llaqta

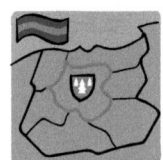
állam
Suyu

óra
phani (kuna)

számlap
muruq'u

kismutató
phani tuqsiq

nagymutató
chininiq

másodpercmutató
ch'ipu yupaq

Mennyi az idő?
¿Ima phanitaq?

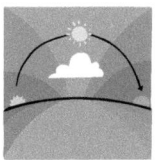

nap
p'unchaw

idő
pacha

most
kunan

digitális óra
dijital inti watana

perc
chinini

óra
phani

hét
qanchischaw

hétfő — killachaw
kedd — atichaw
szerda — quyllurchaw
csütörtök — illpachaw
péntek — ch'askachaw
szombat — k'uychichaw
vasárnap — intichaw

tegnap
qayna

ma
kunan

holnap
p'unchaw

reggel
p'unchaw

dél
chawpi p'unchaw

este
sukha

hétköznap
llamk'ana p'unchawkuna

hétvége
tukuq qanchischawnin

év

wata

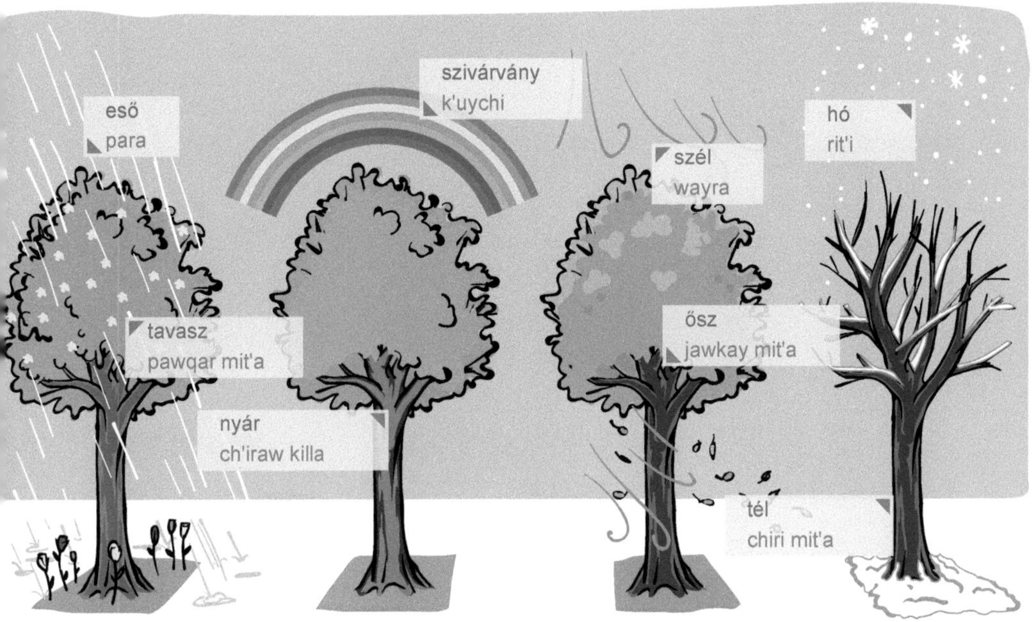

eső
para
szivárvány
k'uychi
szél
wayra
hó
rit'i
tavasz
pawqar mit'a
nyár
ch'iraw killa
ősz
jawkay mit'a
tél
chiri mit'a

4.APRIL 11°
5.APRIL 4°
6.APRIL 13°
7.APRIL 8°
8.APRIL 10°

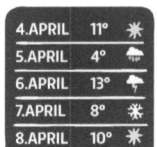

időjárás előrejelzés

inti raki

F C
120 40
90 30
60 20
30 10
0 0
-30 -10
-20

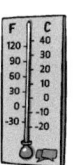

hőmérő

tirmumitru

napsütés

inti

felhő

phuyu

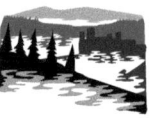

köd

phuyu

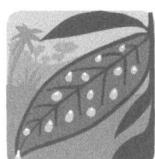

páratartalom

juq'u

villámlás
illapa

mennydörgés
illapa

vihar
tamya

jégeső
chikchi

monszun
muyuq wayra

áradás
lluqlla

jég
chullunka

január
qhaqmiy killa

február
jatunpuquy killa

március
pachapuquy killa

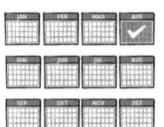

április
ariwaki killa

május
aymuray killa

június
jawkaykuskuy killa

július
chakrakunakuy killa

augusztus
chakraypuy killa

év - wata

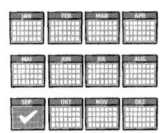
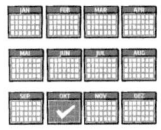

szeptember
tarpuy killa

október
pawqarwara killa

november
ayamarq'ay killa

december
qhapaq inti raymi killa

alakzatok
pacha tupusqa rikch'ay

kör
muyu yupa

négyzet
tawak'uchu yupa

téglalap
sayt'u yupa

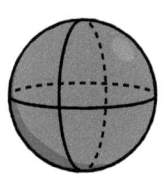
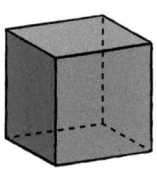

háromszög
kimsa k'uchu yupa

gömb
muruq'u

kocka
yupa wayru

színek
llimp'ikuna

fehér
yurak

sárga
q'illu

narancs
willapi

rózsaszín
panti

piros
puka

lila
kulli

kék
anqas

zöld
q'umir

barna
ch'umpi

szürke
uqi

fekete
yana

ellentétek
wakjinakuna

sok / kevés
achkha / pisi

mérges / nyugodt
phiña / qhasi

szép / csúnya
k'acha / millay

kezdet / vég
qallariy / tukuy

nagy / kicsi
jatun / juch'uy

világos / sötét
sut'i / tuta

fivér / nővér
wawqi / pana

tiszta / koszos
llimphu / ch'ichi

teljes / nem teljes
junt'asqa / mana junt'asqa

nappal / éjszaka
p'unchaw / tuta

halott / élő
wañusqa / kawsaq

széles / keskeny
chhuqu / k'ichki

ehető / nem ehető
mikhunapaq / mana mikhunapaqchu

gonosz / kedves
sakra / k'acha

izgatott / unott
kusisqa / majisqa

kövér / vékony
rakhu / tullu

első / utolsó
ñawpaq / qhipa

barát / ellenség
masi / awqa

teli / üres
junt'a / ch'in

kemény / puha
k'urki / llamp'u

nehéz / könnyű
llasa / chhalla

éhség / szomjúság
yarqhay / ch'akiy

betegség / egészség
unqusqa / qhali

illegális / legális
chanin / mana chanin

intelligens / buta
yuyaysapa / upa

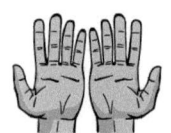

bal / jobb
lluq'i / paña

közel / távol
qaylla / karu

ellentétek - wakjinakuna

új / használt
musuq / mawk'a

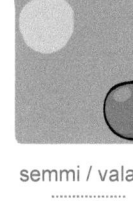
semmi / valami
ch'usaq / imapis

idős / fiatal
machu / wayna

be / ki
jap'isqa / wanchisqa

nyitva / zárva
kichasqa / wisq'asqa

csendes / hangos
ch'in / ch'aqwa

gazdag / szegény
qhapaq / wakcha

helyes / helytelen
chiqan / mana chiqan

érdes / sima
qhachqa / llamp'u

szomorú / vidám
llakisqa / kusi

rövid / hosszú
k'aka / karu

lassú / gyors
jayra / utqay

nedves / száraz
juq'u / ch'aki

meleg / hideg
rupha / chiri

háború / béke
awqay / sunqu tiyakuy

számok
yupaykuna

0
nulla
ch'usak

1
egy
uk

2
kettő
iskay

3
három
kimsa

4
négy
tawa

5
öt
phichqa

6
hat
suqta

7
hét
qanchis

8
nyolc
pusaq

9
kilenc
jisq'un

10
tíz
chunka

11
tizenegy
chunka ukniyuq

12
tizenkettő
chunka iskayniyuq

13
tizenhárom
chunka kimsayuq

14
tizennégy
chunka tawayuq

15
tizenöt
chunka phichkayuq

16
tizenhat
chunka suqtayuq

17
tizenhét
chunka qanchisniyuq

18
tizennyolc
chunka pusaqniyuq

19
tizenkilenc
chunka jsq'unniyuq

20
húsz
iskay chunka

100
száz
pacha

1.000
ezer
waranqa

1.000.000
millió
junu

nyelvek
simikuna

angol
inklis simi

amerikai angol
amerikanu inklis simi

mandarin kínai
mandarin chinu simi

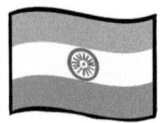

hindi
jindi simi

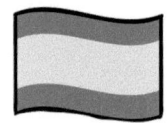

spanyol
castilla simi

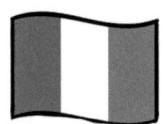

francia
fransis simi

arab
arabia simi

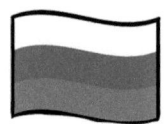

orosz
rusia simi

portugál
purtugal simi

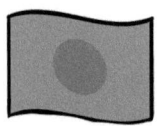

bengáli
bingali simi

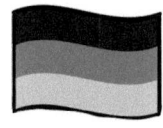

német
alimania simi

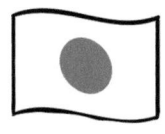

japán
japun simi

ki / mi / hogyan
pi / ima / imayna

én
ñuqa

te
qam

ő
pay / pay / chay

mi
ñuqanchik

ti
qamkuna

ők
paykuna

ki?
¿pitaq?

mi?
¿imataq?

hogyan?
¿imaynataq?

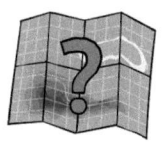
hol?
¿maypitaq?

mikor?
¿mayk'aq?

név
suti

hol
maypi

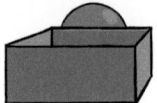

mögött
qhipa

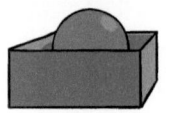

benne
pi

előtte
ñawpaq

felette
pantanpi

rajta
pata

alatta
uranpi

mellett
kuska

között
chawpi

hely
chiqan